La Parfaite Régularité,

O.·.

DE NOGENT-SUR-SEINE.

DISCOURS

Prononcés au Solst.·. d'Hiver 5849.

Par les F.·. F.·.

DE BUSSEROLLES & FLÈCHE,

A NOGENT.

Suivis d'un discours prononcé par le F.·. **FLÈCHE**, aux obsèques du F.·. **Diano.**

NOGENT-SUR-SEINE,

Imprimerie, Librairie & Lithographie du F.·. RAVEAU.

1850.

De l'influence qu'ont dû avoir les sciences et la F∴ M∴ pour répandre l'égalité dans le monde.

T∴ T∴ C∴ C∴

Il est de ces choses que personne n'ignore, que l'on croirait épuisées à force d'avoir été redites, et dont, pourtant l'on ne saurait entendre parler sans éprouver je ne sais qu'elle joie indicible. Qu'un poëte laisse tomber de sa lyre le nom de la liberté, un frisson électrique va parcourir tous nos sens; à ce seul mot magique, chacun de nous tressaille, tous nos fronts se redressent, et les couplets de la Marseillaise viennent d'eux mêmes se placer sur nos lèvres; mais qu'un orateur, s'élançant à la tribune, prenne pour parler aux riches la voix mâle du peuple, qu'il écrase leur orgueil en leur disant que le mendiant qu'ils dédaignent est leur frère, est-il un homme juste qui, en écoutant ces paroles, ne se sente remuer jusqu'au plus profond du cœur? Ce n'est cependant là qu'une pensée commune, banale même à force d'être claire, mais c'est en même temps une de ces propositions sur lesquelles repose l'humanité toute entière et que l'on ne saurait violer sans ruiner de fond en comble l'édifice social. Que ne puis-je, mes frères, vous entretenir de cette grande question de l'égalité naturelle ! que n'ai-je assez de talent pour aborder de front ce magnifique sujet, bien magnifique et bien vaste en effet, puisqu'il a suffi pour séduire l'intelligence de l'un des écrivains les plus éloquents du dernier siècle ! Il n'appartenait qu'à Rousseau de rechercher l'origine de l'inégalité parmi les hommes. Ne craignez donc pas que, me traînant sur ses traces, j'envisage l'égalité sous un point de vue aussi élevé. Non, si je vous parle d'elle, ce ne sera point pour vous prouver sa raison d'être, ce ne sera que pour constater la marche que lui ont imprimée les sciences, et l'influence qu'a dû avoir la M∴ pour ramener les hommes au sentiment de l'égalité. C'est encore là un sujet assez riche et qui mérite d'être traité par une plume moins inhabile que la mienne.

Il en est des vérités philosophiques comme de toutes les autres vérités, nées de Dieu et éternelles comme lui, il est rare que les faibles yeux de l'homme puissent percer tout d'abord le nuage qui les couvre : il faut que des siècles s'écoulent, que la lumière se fasse, que l'âme se dégage peu à peu des étreintes de la matière, pour qu'elles puissent être comprises par les masses. L'esprit de l'homme, si facilement entraîné par l'erreur, semble se révolter contre toute vérité nouvelle. Il faut quelle soit bien éclatante qu'elle se fasse en quelque sorte palpable pour qu'il consente à ne pas la rejeter. L'histoire de l'humanité ne nous offre que trop de preuves de cet aveuglement. Est-il, par exemple, une vérité mieux démontrée que celle qui fait naître tous les hommes pour être égaux et libres ! jetés pêle-mêle sur la terre comme sur un domaine commun, nés du même père, avec les mêmes faiblesses et les même infirmités, il semble qu'ils n'ont été créés que pour jouir ensemble du bonheur de vivre, pour respirer le même air, se chauffer au même soleil, pour partager en commun les jouissances et les peines de la vie ; et cependant, à l'exception de quelques nations privilégiées, ils ont vécu, durant des siècles, dans la misère et l'esclavage, ils se sont trouvés pendant plus de 5,000 ans dans un état d'abrutissement si étrange, qu'un philosophe se demandait encore au dix-septième siècle si les paysans pouvaient être considérés comme des hommes.

On doit le dire cependant, à la gloire de l'humanité, il y eut, même pendant ces siècles d'oppression, quelques libres penseurs qui firent exception à l'ignorance de leurs frères. Sans citer les écrivains qui éclairèrent de leur talent ces époques de barbarie, il est quelques noms que je ne puis passer sous silence. Je choisis au hasard parmi les premiers qui s'offrent à mon esprit.

En première ligne, je trouve Louis XI, qui né roi, par la grâce de Dieu, commence à décimer la noblesse au profit de la bourgeoisie. Quelques siècles plus tard Richelieu reprendra son œuvre, qui se terminera d'une manière plus sanglante sur la place de la Révolution.

Un homme plus illustre se dresse dans l'enceinte même d'un couvent. C'est Luther qui, révolté du despotisme des grands, des débauches de la papauté, des misères du peuples, va porter un coup terrible à la superstition et aux papes. Aux attaques de Luther, à sa raison éloquente, vont bientôt succéder les satyres de Rabelais. Chose étrange ! c'est aussi sous les toits d'un couvent que va se former cette imagination railleuse. Tour-à-tour moine, médecin , voyageur, on dirait qu'il est destiné à tout voir, à tout connaître, pour démasquer d'une main plus sûre les charlatans de son époque, pour en dévoiler plus finement les ridicules et les turpitudes, pour répandre avec plus de succès, dans l'esprit de ses lecteurs, les germes de la raison et de la philosophie.

Le génie de ces deux hommes enfante de nombreux disciples ; à leur voix le vieux monde secoue ses chaînes ; les peuples se disent enfin que les rois pourraient bien n'être que des hommes comme eux, le serf cesse de se courber sous la glèbe, à la naïve crédulité du moyen-âge succède un esprit de critique et de doute frondeur ; les provinces s'éveillent, les villes sortent d'une longue tutelle, et de toutes parts s'écroule l'échafaudage si laborieusement élevé par la superstition.

Bientôt la lumière va se faire. Montaigne est à peine mort que Pascal s'élance, entraînant après lui une pleïade d'écrivains, dont Louis XIV s'entourera dans son orgueil, sans se douter que ces hommes qui font la gloire de son règne, vont porter un coup terrible à l'esclavage et aux rois.

Arrêtons-nous à cette grande époque où le monde profane et la M.·. vont s'éveiller comme de concert.

En haut que voyons-nous? le roi la cour et le clergé. Trinité redoutable que le vent populaire va balayer dans cent ans de la surface de la France.

Le roi! maître absolu, despotique, qui ne croit qu'en sa personnalité, pour qui les hommes ne sont rien qu'un grand troupeau qu'il peut conduire à sa guise, dont il peut disposer au gré de ses désirs.

La cour! race stupide et vaniteuse, qui dédaigne d'être du peuple, et qui a raison, car le peuple, tout esclave qu'il est, a encore du cœur, tandis qu'elle fait consister toute sa gloire à ramper, à flatter, à mendier un coup d'œil du maître, à vivre enfin de la vie des valets, de crainte, sans doute, que l'on ne trouve un cœur d'homme sous ses vêtements galonnés.

Le clergé! corps puissant, instruit, ambitieux, qui rampe aussi aux pieds du maître, mais obliquement tortueusement, comme le serpent de la Genèse, pour s'élancer plus sûrement sur sa victime, et arriver un jour à règner sous son nom.

En bas, qu'apercevons-nous? Un peuple obscur, misérable, presque esclave encore sans en porter le nom, mais brave, poli, spirituel, qui fait la guerre en riant et obéit sans se plaindre, pourvu qu'il ait le droit de chansonner les ministres.

Mais au milieu, au sein même de ce peuple, quel

grand, quel magnifique spectacle ! que de savants, d'écrivains, d'artistes, de poëtes, tous épris d'art, de gloire, de liberté, d'égalité, d'un invincible amour pour l'humanité toute entière. Pendant qu'en haut tout se fait petit et lâche, qu'en bas tout souffre sans murmurer, que font-ils ces nobles rois de la pensée? Demandez-le à leurs œuvres ; elles vous répondront que toute leur vie est consacrée à la plus noble des causes, à faire avancer l'humanité au moyen de la science et de la poésie. Lisez-les attentivement, et vous allez voir en germe dans leurs écrits, ces sentiments d'égalité et de fraternité, qui bientôt feront la gloire de Rousseau.

Là, c'est le grand Corneille fesant parler aux Romains un langage digne d'eux. C'est Lafontaine décochant aux courtisans les traits mordants de la satyre. C'est Molière écrasant sous le ridicule la gentilhommerie et ses seides, et donnant sur les joues de Tartuffe un soufflet mortel à l'hypocrisie et aux faux dévots.

Ce mouvement égalitaire ne s'arrête même pas aux laïques, il gagne jusqu'au clergé lui-même, si l'on ne doit pas séparer du clergé les quelques âmes d'élite choisies dans ce siècle par le Grand Architecte de l'Univers, pour contrebalancer l'influence des révérends pères jésuites. Du haut de la chaire de Notre-Dame, Bossuet, tout en pleurant sur les princes, apprend à leur maître que tout n'est que vanité. A côté de lui se place l'évêque de Cambrai, qui, non moins grand dans sa douceur, peint de couleurs ravissantes ses républiques idéales, qui lui valent, pour récompense, la triste gloire de l'exil. Et que d'hommes célèbres je pourrais citer après eux si je ne craignais d'étendre, outre mesure, un travail déjà trop long de moitié !

Cependant, que faisait la maçonnerie? Debout sur le rivage, se contentait-elle de suivre du regard les hardis navigateurs qui cinglaient à l'horizon? non, mes F∴, elle n'était point immobile. Elle aussi se laissait emporter au mouvement qui entraînait tant de génies. Elle suivait d'un œil de joie ce réveil du monde profane à des idées qu'elle n'avait cessé de professer. Plus humble que lui, mais non moins forte, non moins utile dans sa retraite, elle travaillait dans l'ombre à une propagande d'autant plus efficace qu'elle était plus cachée et plus mystérieuse.

Déjà connue dans les Gaules quand nous n'étions qu'un petit peuple barbare, la franc-maçonnerie s'était perpétuée jusqu'au dix-septième siècle, pauvre, timide et forcée en quelque sorte de nier son existence, pour échapper à la persécution de gouvernements ombrageux. Sous tout le règne de Louis XIV, c'est à peine si la France entend parler d'elle. Elle ne dort pas cependant, et l'Angleterre la voit travailler avec ardeur à sa céleste mission. La France ne pouvait rester longtemps en arrière de sa rivale.

Louis XIV était mort, et à ce colosse d'orgueil et de despotisme avait succédé un roi jeune, faible, entraîné comme un fou vers l'amour et le plaisir.

Pendant qu'il dormait dans les bras de ses maîtresses, le peuple, lui, se gardait bien de dormir, une sourde colère grondait déjà dans son cœur, Il comparait, il jugeait, et peu à peu il se défesait des langes qui l'avaient embarrassé si longtemps. Le mouvement qui s'était fait sentir dans le dix-septième siècle se perpétuait dans le dix-huitième; le torrent grondait, il se grossissait à vue d'œil et bientôt il menaçait de tout envahir.

Des astres nouveaux naissaient à l'horizon, et leurs rayons générateurs allaient bientôt donner à l'humanité une sève et une vigueur nouvelle. Place! voilà Voltaire qui s'avance! Voltaire franc-maçon à vingt-un ans, et qui bégaie déjà la langue immortelle qu'il va doter de tant de chefs-d'œuvre! Entendez-vous ce rire franc et moqueur qui va faire écrouler tous les abus du vieux monde? Avec quelle verve, quel dédain quelle insultante ironie, il attaque le clergé et ses doctrines gothiques! Avec quel bon sens et souvent quelle éloquence, il ramène les hommes au sentiment de l'égalité! toute œuvre littéraire devient une arme entre ses mains; histoire, philosophie, contes, romans, théâtre, lettres intimes, facéties même, tout lui est bon tout lui sert pour arriver à son but. De son château de Ferney, il donne le ton à la France, converse avec les rois, avec le pape, leur donnant d'une main l'encens qu'ils lui demandent et de l'autre les livrant à la risée des peuples.

Mais à côté de Voltaire quel est cet homme au front pensif, aux vêtements modestes, à la démarche timide et embarrassée ? Reconnaîtrait-on à le voir ce fougueux ennemi des rois, dont Robespierre et Danton vont dans quelques années emprunter le langage ? Place pour lui, mes frères ! Car cet homme est Rousseau, le chantre de l'égalité, l'auteur de l'Émile et du Contrat Social ! Si celui-là n'est pas franc-maçon, il faut avouer du moins qu'il était digne de l'être. Sans connaître nos doctrines il les avait devinées, et je sais plus d'un de ses livres qui pourraient être le code et le guide des francs-maçons.

L'impulsion donnée par ces deux hommes fut quelque chose de prodigieux. Vous savez tous l'étonnante secousse que le monde profane ressentit de de leurs écrits, la terre entière applaudit à leurs chants de délivrance, et la franc-maçonnerie ne fut pas la dernière à mêler sa voix à cet immense concert.

Obligée naguère de travailler dans l'ombre, elle ne songe plus maintenant à se cacher au pouvoir. Déjà en 1725 elle avait osé établir une loge au centre même de Paris. On la laisse faire et son zèle ne fait que s'accroître, elle gagne de nombreux prosélytes, et en moins de dix ans la capitale compte six cents maçons dans ses murs ; sept ans après il existait vingt-deux loges dans cette ville, et plus de deux cents dans les provinces. Quel service immense ne devait pas rendre à l'humanité un nombre aussi considérable de maçons ! Répandus dans toutes les classes de la société ; artistes, ouvriers, négociants, hommes de lettres, gentilshommes même, car les idées nouvelles avaient fait des recrues jusque dans les rangs de la noblesse, tous ne sortaient du temple, qu'animés de l'amour de l'égalité et ils n'y rentraient jamais sans avoir gagné à cette sainte cause, les uns leurs proches, les autres leurs amis, tout ce qui les approchait, tout ce qui les touchait à quelque endroit du cœur, tout ce qui pouvait comprendre les théories humanitaires sur lesquelles allait être construit le nouvel ordre social. C'est de ces loges qu'allait sortir la vaillante jeunesse devant laquelle s'écroulerait la Bastille, c'est dans leur sein que se trempaient les âmes qui allaient asseoir la liberté sur le trône des rois ; c'est de leurs temples qu'allait s'élancer cette foule d'écrivains, de soldats intrépides, qui devaient donner à la révolution leurs talents et leur jeunesse, leur repos, leurs jours de bonheur et jusqu'aux dernières gouttes de leur sang.

Enfin elle arrive, cette révolution tant désirée ; elle éclate, renverse tout sur son passage, outrepassant le but par sa force de projection. Le règne de la liberté, de l'égalité commence. Seule au milieu de ce monde qui s'agite, de cette société qui croule, la maçonnerie est calme et inébranlable. Tout en se mêlant aux événements d'une manière digne d'elle, elle ne dépense de sa force révolutionnaire que ce qu'elle juge indispensable au service de l'humanité.

N'allons pas plus loin, mes Frères ! Arrêtons-nous dans cette course au travers des âges, ne touchons qu'avec respect à cette révolution qui nous a fait ce que nous sommes, laissons la Maç.·. se glorifier des secours qu'elle a dû lui porter, et tâchons de profiter des enseignements que nous fournit l'analyse historique que j'ai essayé de tracer.

Une grande vérité ressort à mes yeux des faits que je viens de grouper, c'est que l'intelligence est la mère des grandes actions, c'est que sans elle les peuples seront toujours victimes du premier ambitieux qui voudra se mettre à leur tête. C'est que d'elle seule enfin découlent ces notions du juste et de l'injuste, qui nous ramènent, malgré nous, à la loi de nature, la plus sainte et la plus équitable des lois. Travaillons donc, mes frères! Soyons, en tout, dignes de nos devanciers. Déjà, de toute part, je vois les hommes intelligents frapper à la porte de nos temples; tous les hommes qui pensent, qui se sentent du cœur, pour qui le mot d'égalité n'est pas une vaine devise, tous ceux-là viennent en foule réclamer l'honneur d'être initiés à nos mystères; déjà des noms populaires, des noms chers aux arts, aux belles lettres, à la patrie, ont pris place parmi nous. Réjouissons-nous de cette extension de la M∴; unissons-nous pour travailler au bonheur de l'humanité, et que le monde profane, en se comparant à nous se dise avec dépit: il n'y a de fraternité que chez les francs-maçons et ce n'est que parmi eux que l'on peut rencontrer une parfaite égalité.

De Busserolles, *Orateur*.

a
t
el
d'
su
l'e
éta
qu'
et
et o
A
don
gne

Discours prononcé par le F.·. L. FLECHE.

F.·. F.·.

Depuis bientôt deux ans, la France a été sur un volcan et dans des moments de chaude effervescence, l'humanité toute entière a été aussi saccagée par une affreuse épidémie, et les Maç.·. ont traversé des tourbillons impétueux; la Maç.·. a été heurtée, mais elle a résisté; sa base d'airain est inébranlable, car d'une main elle s'appuie sur l'évangile et de l'autre sur une légende grande comme le monde et burinée à l'entrée de nos temples.

Bien des Maçons, après l'arrivée du gouvernement établi aujourd'hui, pensèrent qu'ils n'avaient plus qu'à attendre le développement dans les institutions et dans les mœurs des principes sur lesquels il repose, et ont cru leur mission presque remplie.

Avec cette idée, ils délaissèrent nos travaux et donnèrent ainsi prétexte aux indifférents de s'éloigner de nos ateliers de charité et de fraternité; les bons Maçons ont pris du découragement et nos travaux languissent, parce que la direction et le but ont été jusqu'à présent dans des voies stériles. Veillons donc F.·., rapprochons-nous, serrons cette chaîne d'union, et ne désertons pas nos temples, nous n'avons encore qu'ébauché l'œuvre de la Maç.·. Car, malgré la marche de l'esprit humain, malgré le progrès qu'ait fait l'humanité, nous sommes aujourd'hui dans la même position qu'avaient les fondateurs de la Maç.·.

Je ne puis comprendre que jusqu'à présent, les hommes qui ont été placés à la tête de la Maç.·. nous aient laissé dans un état aussi languissant et qu'ils n'aient pas poussé avec vigueur le charriot de l'humanité, car la Maç.·. devrait être aujourd'hui la religion de chaque être intelligent et la pensée dominante de l'homme de raison et de liberté! Nos travaux périssaient, et le flambeau de la vérité s'éteignait; il y avait donc un germe aristocratique dans cette société d'hommes qui proclament l'égalité comme le plus saint de tous les devoirs? Il y avait donc de l'aristocratie et de la division dans l'égalité? Non, je ne puis le croire, car c'était la marche toute tracée de notre perte et l'expiration de la Maç.·.

Mais, rassurez-vous aujourd'hui FF.·., nous avons assisté à une fête sublime de fraternité, donnée par le G. O.·. de Paris à tous les Mac.·. de l'Univers. Nous avons vu à l'œuvre les hommes qui sont chargés de nous diriger maintenant. Nous avons confiance en eux, et nous avons la conviction qu'ils réchaufferont nos ateliers refroidis, et qu'ils rallumeront le feu sacré de nos sanctuaires, et qu'enfin avec ces Maç.·., la Maç.·. ne peut rien perdre de son prestige ni de sa grandeur.

Nous possédons parmi ces hommes d'élite et de hautes pensées philantropiques, notre orateur, notre ami, notre député, qui représente avec distinction, amour et bonté, les intérêts de notre atelier et ceux de tout le monde Maç.·.. Cet homme, c'est notre bien-aimé F.·. Razy, que nous regrettons de ne point voir assis à ce banquet d'amis et de F.·.. Lui, mes F.·., il contribuera de toute la force de sa pensée et de son intelligence à répandre les lumières dont nous avons tant besoin. Nous sommes heureux, ici, d'être l'interprête fidèle des sentiments d'amour, de respect et de considération qui lui sont prodigués au G.·. O.·.. Si vous aviez entendu avec quelle lucidité, quelle clarté, quelle logique et quel sentiment notre F.·. Razy a dans son brillant rapport raconté et développé les actes de courage, de dévouement et de désintéressement des Maç.·. auxquels le G.·. O.·. a accordé des récompenses Maç.·.. Vous auriez été touché jusqu'aux larmes, vous auriez goûté toutes les grandes émotions du bonheur, et le G.·. O.·. dans lequel rayonnait toutes les bannières des loges de tous les pays, a été soudain électrisé, et un long cri d'admiration est sorti de toutes les poitrines de ces hommes tous dévoués, tous F.·.. Ah! Comme nous avons été heureux d'y retrouver un nom cher à la Maç.·., et de le voir dans les rangs des récompenses

Maç.·., ce nom, vous le savez tous, vous le connaissez tous, car c'est celui du F.·. Génisson.

Oh ! oui nous avons été vivement impressionné dans cette fête de fraternité, et de toutes les belles impressions que nous avons recueillies, il nous en est resté une sacrée, puissante et sublime ;

C'est que :

L'isolement et la division, c'est la mort de toute institution. — L'union c'est la vie.

Voyez FF.·., combien, dans le dernier siècle, de sociétés secrètes ne se sont-elles pas fondées et presqu'aussitôt éteintes, car elles perdaient leur force par l'isolement et que parcequ'elles n'avaient pas, comme la Maç.·., une force puissante : l'abnégation de soi-même, et cette conspiration permanente en faveur de l'humanité. En effet, le Martinisme, l'Illuminisme et tant d'autres sectes qui n'ont fait que paraître sur un horizon déjà rouge, qui se colorant, a effacé jusqu'aux derniers vestiges de leur existence.

La grande révolution les avait absorbés, leurs principes étaient faux, inapplicables ou inutiles.

Le Martinisme ne dût son origine qu'à un livre trop profond d'abord, pour être compris et dans lequel quelques hommes allèrent chercher les aliments nécessaires à un besoin d'excentrique popularité, ils voulaient, disaient-ils, ramener le monde à l'état primitif, folie stupide, si ce n'était pas un rêve. L'Illuminisme au contraire, était une conspiration qui, comme le jésuitisme, visait à s'emparer du pouvoir à l'insçu des peuples et des rois, et qui, pour y arriver, ne reculait pas dans l'emploi d'inavouables moyens. Donc, la société était, but tout personnel et l'expression exacte d'un despotisme trop peu déguisé, moyens souvent honteux et quelquefois immoraux ; n'était-ce pas moitié plus qu'il n'en fallait pour que l'association cessât de vivre presqu'aussitôt qu'elle fut née. C'est ce qui arriva. Ni les Cagliostro, ni les St.-Germain, ni Vexhaupt même, son fondateur, ne purent la sauver. Elle ne pouvait être qu'un embryon de société.

Plus tard vinrent encore les Babouvistes, qui se hantant sur les principes de Lycurgue et de Platon, voulurent régénérer le monde, utopistes sans raison, sans pensées élevées; mais, martyrs qui allèrent jouer sur les bancs d'un tribunal révolutionnaire, le dernier acte d'un drame que leur mort a rendu trop sanglant.

De nos jours enfin, une nouvelle société, toute politique, arrivât cherchant à rougir ses armes; la Charbonnerie, que les barricades de juillet firent presque rentrer dans le néant.

De toutes ces sociétés, même celles qui s'appuyaient sur l'expression de la philosophie la plus élevée et la plus abstraite, aucune ne survécut à son fondateur. Seule, et comme les impérissables œuvres de Dieu, la Franc-Maçonnerie est restée debout, sans être ébranlée par les commotions qui changeaient le monde. C'est que seule enfin, elle n'a cru devoir demander à l'homme que d'aimer et de secourir son F.·. Elle n'a pas voulu voir dans la majorité de ses membres des instruments dociles travaillant au profit d'une minorité composée de vampires ; elle a dit:

« *Qui que tu sois, ici, tu n'auras que des égaux.* »

Égalité, mot magique, qui frappe toutes les imaginations, et qui aujourd'hui trouve encore des interprètes qui ne veulent, ni ne peuvent s'entendre. Est-ce donc l'égalité, que ce système d'une même rétribution qui entraverait le progrès en abâtardissant l'intelligence? Est-ce donc l'égalité que le nivellement des fortunes? Non, mille fois non ? Laissez-nous croire que la véritable égalité, c'est celle qui donne aux hommes les mêmes devoirs et les mêmes droits, sans qu'ils puissent se soustraire ni aux uns ni autres.

Donc, la vérité étant avec nous, il était tout naturel que son triomphe arrivât beaucoup plutôt, car depuis qu'elle existe, le principe de la Maç.·. n'a pas varié. Travaillons, travaillons sans relâche, travaillons toujours, c'est dans le sein de la Maç.·. que doivent germer les sentiments de grandeur, de puissance et de vérité! Pour cela, F.·., laissez-moi vous le dire, il faut nous soutenir et ne pas nous heurter, il faut que l'harmonie règne entre toute cette grande et puissante famille des Maç.·., car ce serait comprendre bien peu la Maç.·. et vouloir la perdre, si la désunion et le brandon de discorde était allumé dans nos rangs. Qui donc nous soutiendra, sinon nous? C'est la modestie et la fraternité qui fait notre force, ne l'oublions pas.

Aujourd'hui en maçonnerie, il y a deux choses, le but et les moyens; le but : le bonheur universel par le développement de l'intelligence ; les moyens : la sublime application de la charité.

La Maç∴ veut que le fort aide le faible, que le savant instruise l'ignorant, que le riche donne aux pauvres et que le dévouement, le désintéressement et l'intelligence soient les qualités premières, essentielles et inséparables du Maç∴. La Maç∴ n'est point fédérative, elle n'a qu'une constitution, qu'un but, elle est une et indivisible. Nous n'avons tous que la même communion d'idées, et du midi au nord, de l'orient à l'occident, nous observons tous les mêmes lois, la même religion. La Maç∴, c'est quelque chose d'immense, de grand et de puissant, respect donc, à cette puissance, à cette grandeur, à cette immensité ! Travaillons donc sans relâche, car si nous n'avançons pas, nous ne saurions reculer; nos matériaux seront toujours prêts, nos principes répandus, et quand viendra le jour où nous pourrons voguer à pleines voiles, nous n'aurons plus ni orages, ni tempêtes à braver, car ce jour-là sera un jour indiqué par Dieu et le ciel sera aussi pur que nos sentiments sont beaux de charité et de fraternité ! car cette fraternité, c'est le lien qui resserre tous les hommes, qui ne reconnaît ni sol ni patrie. Enfin, cette fraternité, c'est l'amour de l'homme pour l'homme, dans son acception chaste et sociale; c'est la charité, en un mot, la charité du Christ ! ! !

L. Flèche.

l
(
r
k
n
à
t
u
é
fa
pl
n
L'

Regrets adressés sur la tombe du F.·. DIANO, par le F.·. L. FLÈCHE, le 15 décembre 1849.

F.·. F.·.

La Maçonnerie dans notre resp.·. [☐] vient de recevoir en peu de temps des coups violents dans ses affections les plus chères. Il y a quelques jours à peine, la terre retombait triste et lente sur les précieux restes d'un F.·. juste et digne; aujourd'hui notre grande famille vient de faire une perte douloureuse, c'est avec le plus profond chagrin que nous venons tous, rendre les pieux et derniers devoirs à un F.·. que nous chérissions et que nous portions tous dans nos cœurs. La lampe de son sépulcre est un feu que notre douleur contemplera toujours, qui échauffera et ranimera notre tendresse, c'est un fanal à la lueur duquel nous pouvons contempler les profondeurs de la mort, et mesurer la distance qui nous sépare de cet homme libéral et généreux. L'homme que nous regrettons, mes F.·., vous le savez tous, avait perdu par son désintéressement, par sa grandeur d'âme et par ses idées sublimes d'humanité, sa fortune et la tranquillité de son âme et de son esprit; philosophe il avait accepté pour lui toutes les positions difficiles de la vie, en y conservant toutefois comme sa propriété la plus chère, ses rêves et ses idées d'indépendance et de liberté! Mais il n'était pas seul sur cette terre, il possédait des affections de père et d'époux, c'était pour son intéressante famille qu'il vivait et qu'il s'inquiétait de l'avenir; car les qualités éminentes de cet homme étaient la tendresse, le dévouement et la bonté.

Pleurons, FF.·., car la mort qui sape et brise tout, vient de nous ravir à l'âge de 56 ans, notre bien aimé F.·. Diano; oui, après une terrible et cruelle maladie, il vient de quitter cette terre pour l'éternité; aujourd'hui il habite un monde où tout est vrai, où l'on ne ment plus, où l'on ne trompe plus.— Sa vie a été constamment occupée à rendre service et à être utile à ses semblables; militaire, il a été chéri de ses camarades, négociant, estimé de tous ses concitoyens, et aujourd'hui regretté par ses FF.·. et béni par eux. — C'est avec des sentiments de générosité et de désintéressement qu'il a commencé et terminé sa carrière. — Oh! rappelons nous toujours FF.·., que c'est lui qui avec courage et persévérance a réveillé de son sommeil l'O.·. de Nogent-sur-Seine; que c'est lui qui a mis debout notre temple de la vérité, car il possédait comme la religion de son cœur, les trois grands mots incrustés au fronton de notre sanctuaire. — Oui FF.·., il la possédait cette Maç.·. qui devrait être la religion de chaque être qui pense, sent et réfléchit; cette Maç.·. qui devrait avoir fait le tour du monde, gagné tous les cœurs en restant abrité sous l'étendard de la charité et de la fraternité. — FF.·. il a planté notre jalon, nous suivrons noblement sa trace, espérons que sous notre bannière, éclateront les premiers rayons du soleil de vérité.

FF.·. j'abrège, car je vois des larmes humecter vos paupières, et je ne me sens pas le courage d'être plus longtemps l'interprête de vos sentiments douloureux et de vos profonds regrets.

Mais avant de briser notre chaine d'union, regardez tous autour de vous :

Ici, s'éteignent l'esprit et l'intelligence;
Ici, dorment en silence la force et la faiblesse;
Ici, sont confondus riches et pauvres;
Ici, l'espèce humaine n'a plus rien à s'envier;
Car, c'est ici, la véritable et sainte égalité!!

Adieu, F.·., pour la dernière fois, adieu soldat de la charité, soldat du désintéressement et de la liberté! Les Maç.·. ne connaissent pas de plus beau titre à te donner; que ton âme dégagée des faiblesses de la terre, retourne prendre sa place dans les rangs de l'immortalité!

Adieu, va recueillir la récompense due aux hommes justes et généreux!

Adieu, va retrouver nos FF.·., portes leur nos

hommages, et dis leur qu'il a des milliers de Maç.·. qui resteront dignes d'eux !

Adieu, puisse le grand Arch.·. de l'Univers nous venir en aidé, et nous accorder la grâce de prendre place un jour à tes côtés !

Adieu, F.·., adieu, trois fois adieu !!!

L. FLÈCHE,

Arch.·. Gard.·. des Sc.·. et Timb.·.

NOGENT. — TYPOGRAPHIE RAVEAU.

www.ingramcontent.com/pod-product-compliance
Lightning Source LLC
LaVergne TN
LVHW050507160826
845677LV00003B/991
9782329632704